화답

화답

초판 1쇄 2014년 2월 7일
지은이 김영재
펴낸이 김영재
펴낸곳 책만드는집

주소 서울 마포구 합정동 428-49번지 4층 (121-887)
전화 3142-1585·6
팩스 336-8908
전자우편 chaekjip@naver.com
출판등록 1994년 1월 13일 제10-927호
ⓒ 김영재, 2014

* 이 책의 판권은 저작권자와 책만드는집에 있습니다. 이 책 내용의 전부 또는 일부를 재사용하려면 양측의 동의를 받아야 합니다.
* 잘못 만들어진 책은 구입하신 서점에서 바꾸어드립니다.
* 책값은 뒤표지에 표시되어 있습니다.

ISBN 978-89-7944-463-6 (04810)
ISBN 978-89-7944-354-7 (세트)

김영재 시집

화답

시인선 045

책만드는집

| 시인의 말 |

시가 자꾸 짧아진다.
첫 행을 써놓고 망설여진다.
누구에겐가 혹은 나에게 다짐이라도 하듯 하고 싶은 말이 있긴 있는 것 같은데 그냥 삼켜버린다. 시의 첫 줄을 써놓고 詩作노트를 덮어버리는 버릇이 생긴 것도 이와 무관하지 않다.

포도나무는 새로 나온 가지에서만 열매를 맺는다고 한다. 묵은 가지를 많이 자를수록 열매가 풍성하다니,
나의 묵은 생각을 더 많이 버려야겠다.

2014년 이른 봄
김영재

| 차례 |

5 · 시인의 말

1부

13 · 마음
14 · 얼음의 속성
15 · 여름밤
16 · 그대에게 묻노니
17 · 시린 봄날
18 · 상강
19 · 설날
20 · 쌍계사에서
21 · 꽃 되어 지던 것을
22 · 면벽
23 · 꽃처럼
24 · 불일암 장작
25 · 태백산 주목의 말
26 · 독할수록 꺾어라
27 · 개심사 연못
28 · 겨울날

2부

31 · 홍매
32 · 겨울 횡계
33 · 산음에서
34 · 전등사 목수의 노래
36 · 동자꽃
37 · 냉이꽃
38 · 떠나라
39 · 초가 한 채
40 · 금강교 오색등
41 · 고요
42 · 참 곱다
43 · 立冬
44 · 운문에서, 잠시
45 · 불쑥 찾아와
46 · 홍어를 쓰는 밤
47 · 상촌면 민박집

3부

51 · 화답
52 · 벼락같은 詩 한 줄
53 · 순간
54 · 겨울 저녁
55 · 여산휴게소
56 · 겨울 용문사에서
57 · 군말
58 · 입추
59 · 아따, 이 할망구
60 · 외로우면
61 · 나를 보네
62 · 모과
63 · 반야행
64 · 짜장면 배달
66 · 추석 무렵

4부

69 · 오래된 슬픔
70 · 황토 더욱 붉었다
71 · 가랑비로 오셨네
72 · 어머니의 노동절
73 · 나무 아래
74 · 가을이 훌쩍
75 · 오래된 칠판
76 · 쪽달
77 · 반쪽 땅
78 · 돌마당 심만섭
80 · 삐딱
81 · 두만강의 봄
82 · 형
83 · 목련꽃 지는 오후
84 · 고향 잠

85 · 해설_유성호

1부

마음

연필을 날카롭게 깎지는 않아야겠다

끝이 너무 뾰쪽해서 글씨가 섬뜩하다

뭉툭한 연필심으로 마음이라 써본다

쓰면 쓸수록 연필심이 둥글어지고

마음도 밖으로 나와 백지 위를 구른다

아이들 신 나게 차는 공처럼 대굴거린다

얼음의 속성

통째 언 저수지가 쩡하고 갈라졌다

숨통이 틔었는지 다음 날 나가보았다

금이 간 날카로운 틈새 더욱 굳게 붙어 있었다

깊은 산 개울이 얼어 마실 물이 없었다

송송송 달래면서 구멍을 몇 개 냈다

얼음도 숨을 쉬는지 맑은 물을 내주었다

여름밤

후드득
지나가는
여름밤의
빗방울

연잎에
뒹굴뒹굴
어여쁘지
않으랴

어젯밤
홑이불 덮고
나도 밤새
뒹굴었다

그대에게 묻노니

생나무 한 토막을

그대가 쪼갰는가

쉽게 태울 수 없어

더 잘게 쪼갰는가

다 타고

재가 되어서

그대에게 묻노니

시린 봄날

벚꽃을 보기 위해 개심사에 들었다

청벚꽃 봉오리는 시퍼렇게 닫혀 있고

봄바람 비에 섞여서 시린 등을 떠민다

길도 젖고 절도 젖은 왔던 길을 되돌아

바닷가 작은 어촌 목로에 앉았는데

갈매기 낮게 날면서 사랑 따위를 묻는다

상강 霜降

가을비 지나가고 내 몸이 헐거워졌다

떡갈나무 마른 잎 바람에 쓸려 간다

먹먹한 명치를 치고

차오르는 둥근 달

한 열흘 앓았더니 가을이 홀가분하다

서리가 내리려는가 서걱이는 마음인데

억새꽃 하얗게 날고

한 사람 떠나간다

설날

고향 집에 도착하면 언제나 밤이었다

단 한 번 환한 대낮에 찾아가지 못한 죄

지친 몸 뒤척이다가 날 밝으면 돌아섰다

밤늦도록 엄니 품을 머뭇대던 푸른 날

그마저 갈 수 있다면 눈물도 성하겠네

어머니 길 떠나시고 폭설이 회오리치네

쌍계사에서

바람에 흔들리는
대나무는 君子다

흔들리지 않으면
바람이 무안해진다

가던 길 잠시 멈추고

나도 조금

흔들린다

꽃 되어 지던 것을

늦가을 나뭇잎이

떨어졌을 뿐인데

여윈 몸 가뭇없이

떨리는 까닭은

그대가

피는 봄날에

꽃 되어 지던 것을

면벽 面壁

벽 하나 뚫었는데 사방에 벽이 생겼다

뚫는 재미 솔찬한데 뚫을수록 막힌다

벽 속의 즈믄 바다로 익사하는 즐거움

꽃처럼

이해인 수녀님이 꽃처럼 웃었습니다*

손님으로 오신 암세포, 오늘도 잘해보자

속 깊이 아파하면서 꽃처럼 웃었습니다

* 권혁재 중앙일보 사진기자의 '不-완벽 초상화 이해인 수녀'.

불일암 장작

법정 스님 계셨던 송광사 불일암에

작년 것도 아니고 더 오래된 장작더미

혹한에 언 손이 오면 제 몸을 사르겠단다

내가 쫴 군불 아닌데 참나무 뼈개는 소리

소계산 굴목재 넘어 선암사까지 울렸다

한 사람 떠나간 적막 속 아궁이가 환하다

태백산 주목의 말

얼마를 더 머물겠느냐

죽은 나무에게 물었다

곁에 있던 생나무가

별것 아니라는 듯 답했다

살아서 천년을 있었으니

그다음은 잘 모르겠다

독할수록 꺾어라

꺾어, 꺾어 마셔라 독할수록 꺾어야지

술 마실 때 친구가 넌지시 흘린 충고

노래도 꺾는 맛이야! 한 소절 꺾어 넘기네

꺾고 꺾으며 두 번 세 번 꺾이며

꺾을수록 신이 나서 꺾일수록 낭창거리는

노래야 그렇다 치고 사는 게 안 그렇겠느냐

개심사 연못

개심사 연못으로
하늘이 내려왔다
가을 잎이 날아와
무심히 스치는 순간
고요한 하늘 중심이
움칠, 놀라 흔들린다

겨울날

두 무릎 푹푹 빠지는
겨울 산으로 들어가

바위에 부딪히고
나뭇가지에 찢기어

얼어서 더욱 빛나는

낭자한

꽃이었으면

2부

홍매

이런 봄날 꽃이 되어

피어 있지 않는다면

그 꽃 아래 누워서

탐하지 않는다면

눈보라

소름 돋게 건너온

사랑인들 뜨겁겠느냐

겨울 횡계

대관령 아랫마을 횡계에 달이 떴다

달빛의 언저리를 씻어주는 맑은 바람

그 사랑

어루만지듯 산그늘 그윽하다

산음山陰에서

산그늘 예쁜 자태

경기도 양평 산음마을

내 지친 사랑 한 올

그 그늘에 놓아두네

양지로 달려만 왔던

목마름도 놓아두네

전등사 목수의 노래

1
대웅보전 처마 끝에
내 사랑 가두었네

가을 가고 겨울 와도
옷 한 벌 입힐 수 없네

여인은
뭍으로 가고
내 사랑만 갇혔네

2
몇백 년 느티 아래
상사화 피고 지고

상사화 청대 끝에

떨고 있는 눈물 같은

사랑아
널 보내려고
나는 날 버려야 했다

동자꽃

산 위에 꽃길 있어 홀로 젖고 있었다
둥근이질풀 동자꽃 멋모르고 함께 젖어
젖어서 더디 오는 사람 기다리고 있었다

나 또한 길이 되어 기다리고 싶어라
오는 사람 젖어 오고 가는 사람 서러운
비 오고 안개 짙은 날 외로움도 홀로 큰다

냉이꽃

들꽃으로 피어나 저 혼자 흔들린다

바람이 불어오면 잘게 잘게 부대끼면서

봄 한철 짧은 생애를 천년인 듯 살고 있다

떠나라

떠나라 그대 떠나서
그쯤에서 걷는 일

걸어왔던 먼 길을
혼자서 돌아보라

벼랑도 그리울 것이니

참았던 눈물 힘이 되리니

초가 한 채
-수덕여관

소나무 그늘 끝에
잘생긴
초가 한 채

야무진
솔방울이
슬쩍,
떨어진다

그리움

속으로 안고

無心, 바라본다

금강교 오색등

오대산 깊은 골에

당신 기다린다면

비로봉 회리바람

바람꽃으로 피어나

금상교 오색능 흔늘리듯

간절,

간절하리니

고요
-물봉선

안개비 한입 적셔 다물지 않기로 했다

계곡물 졸졸대며 乳腺 타고 오르는

한낮의 고요 속으로 고요가 되는 순수

참 곱다

슬픔이 너무 많아 내 몸이 버겁다

아무래도 조금은 버리고 가야겠다

두고 온 슬픔의 뒷모습 돌아보니 참 곱다

立冬

  해 떨어지기 전부터 잎들이 붉어 있다 한참을 바라봐도 애써 붉어진다 파르르 소름이 돋을 공복이 올 것이다

  그림자 물에 잠긴 강물이 휑하다 정지된 풍경 속에 흐리게 찍힌 낙관 빠르게 한기가 돌고 그리움이 더디다

운문에서, 잠시

운문사 일진 스님께 말씀 청했더니

말씀은 없으시고 빙그레 또 빙그레

수줍음 만발하여라 겨울밤 환하더라

군말은 아예 없고 쌓이는 눈 그득해

잉집결에 처신 소나무 숙지 털고 하는 말

스님의 하얀 두 볼에 작년 단풍 든갑더라

불쑥 찾아와

날씨가 추워지니

몸단속이 심하다

계곡물 바위에 숨고

낙엽은 겹으로 진다

가을비

불쑥 찾아와

재촉하고 떠난다

홍어를 쓰는 밤

《유심》 잡지 홍사성이 「홍어」를 써달란다

뭐 그리 대단하냐 그냥 쉽게 대답했다

먹 갈아 붓 한 자루 쥔 내 몸이 삭는 거다

「홍어」가 뭣이간디 몸이 삭고 말고 있냐

그것이 뭐냐 하면 어쭙잖은 내 시 한 줄

온몸이 육필이 되니 밤바다가 출렁였다

상촌면 민박집

충북 영동 상촌면
딱 한 곳 민박집

주인은 교통사고로 실명했다 이 층 방 네 개로 민박을 친다 밤에도 검은 안경을 끼고 밖으로 난 어두운 계단을 오르며 이불을 꺼내주고 형광등을 켠다 봄날이라 해도 산마을은 밤이 일찍 찾아와 추위가 맵다 초저녁에 난방을 했다가 새벽이 오기 전에 꺼버린 민박집이 많은데 상촌면 민박집은 아침이 올 때까지 보일러를 끄지 않는다

눈으로 볼 수 없지만
마음의 불, 밤새 켠 것이다

3부

화답

何必이면 왜 不必인가요
큰스님께 여쭈었다

하필을 알게 되면
불필을 깨달을 것이다

친딸과 친아버지가
오랜만에 함께 웃었다

벼락같은 詩 한 줄

벼락같은 詩 한 줄

불면으로 찾았는데

공복의 새벽 골목

긴 외투 질끈 묶고

누더기

노숙의 사내

햇살 품고

서 있다

순간

당신이 나에게 온

흔들, 바람이라면

나는 당신 앞에서

피어나는 꽃이다

피었다

순간에 진들

어찌 찰나이랴

겨울 저녁

어두워지는 시간에 길가에 선 느티나무

비탈진 언덕길 따라 눈을 맞고 걸어가는

한 사람 지친 귀가를 위로하듯 지켜본다

마을은 어둠으로 빠르게 추워지고

바닥에 엉겨붙어 얼음으로 깔리는 생

멀리서 작은 불빛이 조금씩 밝아온다

여산휴게소

여산휴게소 쉼터에는
시조 시인의 길이 있다
그 길을 따라가면
가람 선생이 기다리신다
時調는 혁신하자*며
쭉정이를 고르신다

* 1932년 가람 이병기 선생이 〈동아일보〉에 발표한 글.

겨울 용문사에서

당신이 내 어깨 위
눈으로 내린다면

천년 은행나무 아래서
하염없이 눈을 맞으리

천년의 눈을 맞으며
천년의 겨울 견디리

군말

천불동 돌길 밟고 공룡능선 올랐다

겉치레 벗어던진 키를 낮춘 나무들

수척한 근육을 풀어 활시위를 당긴다

바람이 드셀수록 옹이가 단단해진다

무언無言으로 몸살 앓는 내설악의 식솔들

봄날이 오고 있는데 무슨 군말 필요하랴

입추

암 수술 받은 후배 전이는 없었다고

글썽글썽 고인 눈물 다행인지 슬픔인지

한허리 꺾인 더위가 가을 담장 넘고 있다

아따, 이 할망구
-무산 설법

꼬장꼬장 할망구한테 내 손목을 꽁 붙잡혔어

아 이 할망구 빠끔빠끔 쳐다보더니 젊었을 때 서늘했던 그 낯짝 어디다 두고 곱던 눈매 어느 년 다 주고 요로코롬 늙어빠졌냐 바삭바삭 늙었네 그건 그렇고 어디 한 번 물어봅시다 어떻게 하면 잘 사는 거요

살아도
팔십을 살아도

잘 사는 거?

아따, 이 할망구

외로우면

내가 비에 섞인 것인지
비가 내게 스민 것인지
어스름 산길 걷다
애잔한 비에게 물었다

개망초 고개 숙인 채 외로우면 걸어라

마음에 새겨두었던
비 오는 날 바람이
삐걱이는 계단 같은
내 나이를 물었다

유연히 낭창거리지 못할 그 적막의 시간을

나를 보네

흐르는 물가에 앉아 흘러온 나를 보네

그림자로 유영하는 버들치들 몰려오네

하늘이 낮게 내려와 여윈 등 어루만지네

모과
-우걸에게

친구가 택배로 보낸

잘생긴 모과 네 알

한 알이 익기까지

십 년이 걸렸다

사십 년 햇살이 뭉쳐

향을 품고 있었다

반야행 般若行

산속에 혼자 지낸

노스님을 찾아가

왜 토굴에 사시느냐

참말로 물었더니

빈말로 꿍치는 말씀

너나 잘해라 그러신다

짜장면 배달

화가 주재환 형이 〈짜장면 배달〉*을 보내왔다

면발이 불어터지거나
굳어 엉켜버릴까 봐

눈썹을
휘휘 날리며
철가방이 도착했다

면발인지 머리칼인지 바퀴인지 단무지인지
사람이 타고 가는지 무작정 달리는 것인지
철가방 보이지 않고 씽씽 달리는 오토바이

그렇지 대한민국에서
짜장면 제일 좋아하는

시인 신경림 선생, 정릉 아파트로 짜장면 배달 가나 보다

단무지 빠뜨리고 갔다가 다시 신고 획— 간다

구중서** 그 모습 보고
그…… 참 이상한 事必歸正!

* 화가 주재환 그림.
** 문학평론가·시조시인·문인 화가.

추석 무렵

내가 사는 아파트 단지 감이 많이 열렸다

시골 동무처럼 못난 풋감, 가까이 가 얼굴 보니

볼그레 꼭지서부터 익어가는 것이었다

4부

오래된 슬픔

오래된 슬픔은 왜 눈물이 없는가

잘못 든 끼니처럼 명치에 걸리는가

척추를 타고 오르며 휘청이게 하는가

황토 더욱 붉었다

빗줄기 듬성대는 낯선 언덕 황토 속에

어머니 유골 항아리 곱게 넣고 흙을 밟았다

한 생애 흙 묻은 당신 흙이 되고 있었다

파낸 흙 다지는데 눈물이 힘이었다

잘 가세요 어머니 아무 다짐 없었다

내 안에 당신 있기에 황토만 더욱 붉었다

가랑비로 오셨네

가랑비 눈물 끝에 어머니 웃으시네

―는개, 눈치 채고 길을 조금 내주네

산마을 고샅 찾아와 조곤조곤 마실 도네

어머니의 노동절
- 원석에게

5월 1일 노동절 어머니 일손 놓으셨다
노동의 즐거움으로 아흔한 해를 사셨고
온갖 일 못 잊으신 채 긴 휴식을 취했다

경북 예천 농협장례식장 봄바람 살랑살랑
꽃들도 단정하게 검정 리본 달았다
먼 길을 오신 듯 가시라 환하게 밤을 지켰다

나무 아래
−어머니

당신이 떠나신 지 두 겨울이 옵니다

부석댄 낙엽 위에 한두 줄 사연 적어

언 땅을 딛고 서 있는 밑동 아래 묻습니다

가을이 훌쩍

자글자글 늘어나는 물주름 한가롭다
조용한 강이 깊다 넉넉한 물의 배려
가을이 무등을 타고 훌쩍, 건너뛴다

오래된 칠판

윤동주 생가 지키는 오래된 칠판 하나

최초의 明東소학교 1927년 3학년 1반
금주에 할 일 : 손발을 깨끗이 씻자!
청소 당번 : 문익환
지각생 : 윤동주
떠드는 학생 : 송몽규
구구단 못 외는 학생 : 김청후 윤성진 김진배 한수현
재수생 : 양외석
낙제생 : 박순태
학교 종이 땡 땡 땡

바람에 들썩이는 빈집 재잘대는 아이들

쪽달

들오리 떼 줄지어 해 지는 西으로 간다
오리들 울음소리 함께 갔는지 어둡다
떠날 것 다 떠났는지 쪽달이 허기지다

반쪽 땅

회령시가 건너보이는

두만강 변 밥집에서

푸짐한 꿩고기

밥상을 받아놓고

다 닳은

지도를 펼쳐

짚어보는 반쪽 땅

돌마당 심만섭*

달빛으로 떠도는 취한 밤 그립거든

문경에서 막차 타고 가은읍 완장리 종점

돌마당 민박집 머슴 심만섭 찾아가라

그리운 것이 어디 취한 밤뿐이랴

이상년** 생가의 의병들의 함성이며

감식초 동동주에 번진 젊은 날의 광기하며

급하게 흐르는 물소리 바위 앞에 잡아두고

동무 오길 기다리는 어둠 속의 사내여

마셔도 갈증으로 도지는 허허로운 옛사랑

* 경북 문경시 가은읍 완장리 대야산 용추골에서 민박 치고 식당 하며 백두대간 산꾼들에게 도움을 주는 오래된 내 친구. 젊은 날 막장 인생 광부로 일했었다.
** 대한제국 때의 의병장. 문경시 가은읍에 생가가 있다. 동학농민운동 때 동학군을 지휘했으며 을미사변 때 의병을 일으켜 활약하다 처형당했다.

삐딱

영월군 김삿갓면 생오지 찾아가면

삐딱하게 서 있는 비문 없는 비석 하나

김삿갓 묘지 앞에서 제멋대로 삐딱한

두만강의 봄

여보게 무딘 쟁기라도 서둘러 꺼내보게

얼어붙은 땅거죽 갈아엎어야 하지 않겠나

겨우내 웅크린 풀잎들 기지개를 켜고 있네

형*

형은 갔다 이월에
내년 봄에
오겠다고

형은 말이 없었다
이기고 돌아온다고

기어이
오겠단 말 참고
늦게라도 오겠단다

---

* 이성부 시인(1942~2012).

목련꽃 지는 오후

목련꽃 지는 오후
옆집 부부 목청 높다
꽃 필 때 못 보던 것을
꽃 질 때 보았을까
봄바람
지나다 말고
꽃잎 하나
더
떨군다

고향 잠

치매로 십여 년을 넋 놓고 살아오신
중국집 사장이 된 친구 엄니 떠나셨다
떼쓰며 시골 가자고 보챈 몸짓 멈추고

삼일장 지내려고 둘째 날 자정 넘자
전라도 순천 땅을 단숨에 달려갔지
누런 벼 고개 숙여 절하는 사무친 그곳으로

애물단시 만쪽으로 나뒹굴던 서울살이
모든 설움 고이 접고 곱게 곱게 잠드셨다
고향은 가난했지만 고향 잠은 달았다

| 해설 |

'사랑'과 '근원'과 '시'를 상상하는 심미적 서정

유성호 문학평론가·한양대 교수

1. 심미적 역설의 미학

우리의 근대는 이른바 '파시스트적 속도'를 동반한 숨 가쁜 성장 리듬을 통해 비약적으로 전진해왔다. 뒤돌아볼 겨를도 없이 앞으로만 질주해온 이러한 근대의 아폴론적 활력은, 문명과 테크놀로지의 획기적 발전과 함께 인류의 장밋빛 미래에 대한 과학적 예견까지 풍요롭게 가져다주었다. 하지만 근대가 남긴 어둑한 그늘도 만만치 않아서, 우리는 깊은 상실과 소외감 속에서 폐허와도 같은 근대의 뒤안길을 목도하는 경우가 많아졌다. 이러한 이중 상황에서, 우리 서정시는 근대의 디오니소스적 이면을 꿰뚫는 혜안을 통해 새로운 차원의 사유와 감각을 생성해온 역사를 가지게 되었다. 물론 동어반복의 태작까지 끌어다가 상찬할 수는 없겠지만, 우리는 우수한 서정시를 통해 근대인이 살아가는 폐허의 시공간을 실감 있게 경험하면서, 동시에 우리가 잃어버리고 사는 가치론적 원천을 힘겹게 상상할 수 있게 되었다. 이번에 새로 출간되는 김영재 시집 『화답』(책만드는집, 2014)은, 서정시가 가지는 이러한 심미적 역설의 미학을 집약하고 있는 조촐하고도 아름다운 풍경첩이 아닐 수 없겠다. 아닌 게 아니라 시인은 자연 형상의 심미적 잔상들 안에서 번져 나오는 다양한 풍경들을 채집하고 그것을 감각적으로 표현하면서, 그것들로 하여금 근대가 상실한 느릿하고도 풍요로운 역설의 미학을 구축하게끔 하고 있다. 그는 그러한 과정을 일종의 '둥긂'의 상상력을 통해 보여주고 있는데, 가령 우리는 그 상상력이 시인 자신의 마음속으로 차츰 퍼져 나가면서 심미적 역설의 화법(話法/畵法)을 퍽 명징하고도 아름답게 구현하는 과정을 바라보게 된다.

연필을 날카롭게 깎지는 않아야겠다

끝이 너무 뾰쪽해서 글씨가 섬뜩하다

뭉툭한 연필심으로 마음이라 써본다

쓰면 쓸수록 연필심이 둥글어지고

마음도 밖으로 나와 백지 위를 구른다

아이들 신 나게 차는 공처럼 대굴거린다
—「마음」 전문

'날카로움/뾰쪽함'과 '둥긂/구름'은 서로 대비적으로 채택된 물질적 속성일 것이다. 시인은 날카롭게 깎인 연필의 뾰쪽한 끝으로 쓰는 글씨가 퍽 섬뜩하게 느껴진 모양이다. 하지만 뭉툭한 연필심으로 '마음'이라는 글자를 써가자 연필심은 어느새 둥글어지고, 시인의 '마음'도 차차 바깥으로 나와서 아이들이 신 나게 차는 공처럼 백지 위를 둥글게 굴러다니는 게 아닌가. '날카로움'이 '둥긂'으로, '뾰쪽함'이 '굴러다님'으로 바뀌는 데는 이처럼 '마음'이 생겨나서 바깥으로 천천히 번져 나오는 과정이 필요했을 것이다. 마찬가지로 김영재 시인은 빗방울이 구르는 것을 보고 "연잎에 / 뒹굴뒹굴 / 어여쁘지 / 않으랴"(「여름밤」)라고 감탄하기도 하고, "꺾을수록 신이 나서 꺾일수록 낭창거리는 // 노래"(「독할수록 꺾어라」)를 통해 모나고 단단한 것들을 풀어서 둥글고 부드러운 존재로 탈바꿈시키기도 한다. 이러한 '둥긂'의 상상력은 우리에게 숨 쉴 공간과 여백을 내주는 '구멍' 상징으로 그 흔적을 옮아가는데, 그 흔적을 탐사하는 심미적 순간이야말로 김영재 시편들이 탄생하는 가장 근원적인 자리가 아닐 수 없을 것이다.

    통째 언 저수지가 쩡하고 갈라졌다

    숨통이 틔었는지 다음 날 나가보았다

    금이 간 날카로운 틈새 더욱 굳게 붙어 있었다

    깊은 산 개울이 얼어 마실 물이 없었다

    송송송 달래면서 구멍을 몇 개 냈다

    얼음도 숨을 쉬는지 맑은 물을 내주었다
    ―「얼음의 속성」 전문

'결빙'과 '숨통'의 사이, 그리고 '갈라짐'과 '붙음'의 사이에서 시인은 '얼음의 속성'을 들여다본다. 내내 결빙되어 있던 저수지가 쩡하고 갈라지자 시인은 숨통이 틔었다고 생각했지만, 그 금이 간 틈으로 얼음은 더욱 굳게 붙어버렸을 뿐이다. 숨통이 틔기는커녕 다시 숨죽이는 시간이 이어진 것이다. 이처럼 깊은 산 개울조차 얼어버린 혹한의 시간에 시인은 얼음을 달래면서 '구멍'을 몇 개 내준다. 그러자 얼음도 숨통을 틔우면서 "맑은 물"을 내주는 것이 아닌가. 곧장 해빙으로 나아가지 않고 '구멍'이라는 매개를 통해 얼음 밑의 물을 찾아내는 이러한 사유와 감각은, 앞서 보았던 날카로운 것들을 둥글게 마물러가는 시인의 손길을 연상케 해준다. 그렇듯 김영재 시인은 둥글고 부드러운 '마음'과 '구멍'을 통해 '뾰쪽함'과 '굳게 붙어 있음'을 넘어 "고요한 하늘 중심이 / 움칠, 놀라 흔들"(「개심사 연못」)리는 순간을 시적으로 포착하고 표현한다. 사물의 속성을 깊이 사유하면서 단아한 절조와 음색으로 자신의 마음이 움직이는 순간을 잡아내는 것이다. 그때 비로소 시인은 "마음의 불, 밤새 켠"(「상촌면 민박집」) 채, 크고 굳은 macro hard 것들을 작고 부드러운 micro soft 것들이 이겨나가는 심미적 역설을 선연하게 보여주는 것이다.

2. 그윽하고 뜨거운 사랑의 마음

 근본적으로 서정시는 '시간'에 대한 경험의 사후적事後的 형식으로 쓰이고 읽히게 마련이다. 그것이 설사 미래를 노래하거나 물리적 시간을 초월하는 영원성에 관한 시편이라 하더라도, 그것은 그 자체가 시간에 대한 고유한 가치판단일 수밖에 없다. 그만큼 서정시는 시간에 대한 경험과 기억의 재구성이라는 고유한 양식적 특성을 지닌다. 결국 우리는 이 경험과 재구성 과정을 통해 그동안 대립적으로 인식되어온 여러 표지標識들이 오랜 시간 속에서 해체되는 융합의 과정을 경험한다. 김영재 시인도 이처럼 오랜 시간 속에서 모든 대립적 형질들을 지워나가는 활달한 상상력을 보여준다. 특별히 주체와 내상, 떠남과 머무름, 비움과 채움 등의 여러 표지들을 활달하게 지워나가는 '사랑의 시학'은, 김영재 시편의 남다른 기둥이요, 그가 오래전부터 적공을 들여온 고유한 음역音域이라 할 수 있다. 시인은 곳곳에서 "사랑아 / 널 보내려고 / 나는 날 버려야 했다"(「전등사 목수의 노래」)라든지 "나 또한 길이 되어 기다리고 싶어라"(「동자꽃」)처럼 '보냄/기다림', '버림/그리움'의 시학적 실꾸리를 올올이 풀어놓는다. 그렇게 시인은 뜨겁게 자신을 단련하고 비우면서 궁극에는 가장 본질적인 것만 남기려 하는 정신적 고투를 벌인다. 김영재 시인에게 '사랑'이란 그만큼 자신이 노래하는 서정의 원천이요, 궁극인 것이다.

    대관령 아랫마을 횡계에 달이 떴다

    달빛의 언저리를 씻어주는 맑은 바람

    그 사랑

    어루만지듯 산그늘 그윽하다
    ―「겨울 횡계」 전문

  한겨울 대관령 아랫마을 횡계에 뜬 달빛 언저리를 맑은 바람이 씻어주는 풍경이 펼쳐진다. 마치 윤동주가 「서시」에서 "오늘 밤에도 별이 바람에 스치운다"라고 묘사한 것처럼 바람에 씻기는 것으로 묘사된 달빛 풍경은, 궁극의 심연에서 울려오는 "사랑"이 산그늘 그윽한 곳을 어루만지는 상상으로 나아간다. 그렇게 "산그늘 예쁜 자태" 속에 "지친 사랑 한 올"과 "목마름"(「산음山陰에서」)을 놓아두는 지극한 마음도 이 시편의 주제와 내밀하게 상통한다. 이때 '사랑'은, 물론 충족되지 못한 외로운 목소리로 나타나는 것이지만, 시인은 그러한 그리움과 하염없는 결핍의 힘으로 나타나는 사랑이 자신의 유일한 존재 형식임을 노래한다. 결국 시인에게 그것은 적막한 고독과 결핍 속에서 잉태되어 오랜 기억으로 완성되어가는 과정적 실체일 것이다. 그 깊고 그윽한 그늘에서 시인의 '사랑'은 "봄 한철 짧은 생애를 천년인 듯 살고 있"(「냉이꽃」)을 것이다.

    이런 봄날 꽃이 되어

    피어 있지 않는다면

    그 꽃 아래 누워서

    탐하지 않는다면

    눈보라

    소름 돋게 건너온

    사랑인들 뜨겁겠느냐
    ―「홍매」 전문

시인은 '홍매'라는 선연한 빛깔의 자연 사물에서 눈보라 건너 찾아온 뜨거운 '사랑'을 발견한다. 그가 보기엔, 봄꽃 아래 누워 누군가를 "탐"하는 마음의 흐름이야말로 "소름 돋게 건너온" 뜨거운 사랑의 원질이기 때문이다. 그렇게 시인은 뜨거운 사랑이 아니면 이 가파른 생을 견뎌갈 수 없음을 깨닫고, 생명체로서의 존재 증명에 사랑보다 더 분명하고 강렬한 것은 없다고 증언한다. 김영재 시편은 이처럼 인간 내면의 가장 깊은 곳에서 발원하여 가장 먼 곳으로 퍼져 가는 사랑의 에너지를 가득 품고 있다. 우리는 그의 시편을 통해 비로소 "그리움 // 속으로 안고 // 無心"(「초가 한 채―수덕여관」)하게 걸어가는 느릿한 시인의 품과 함께 "한 사람 떠나간 적막"(「불일암 장작」)을 환하게 기억하면서 먼 길 걸어온 뒤에 "벼랑도 그리울 것"(「떠나라」)이라고 말하는 시인의 깊은 사랑의 마음을 만난다. 김영재 시학의 가장 근원적이고 강렬한 에너지가 이렇게 누군가를 향한 깊고 그윽하고 뜨거운 사랑의 마음에 있음을 우리는 알게 되는 것이다.

3. 근원을 향한, 근원을 찾는 시선

김영재 시인이 견지하고 있는 사랑의 힘은 '고향'이나 '어머니' 같은 근원적 귀속처에 대한 오랜 그리움으로 자연스럽게 나아간다. 그 그리움 안에는 오래 경험해온 시간이 온축되어 있을 것이다. 하지만 시인에게 '시'의 시간이란 경험적 시간 자체가 아니라 작품 내적으로 변형되고 재구성된 미학적 시간이다. 그래서 '고향'이나 '어머니'조차 과거 모습 그대로 재현되지 않고 미학적으로 굴절되고 변용되면서 시인의 기억 속에 깃들이게 된다. 우리의 '기억'이란 것이 본디 심상心像의 지층에 남아 있는 시간의 변형된 흔적이 아닌가. 김영재 시인은 의식 저편에 깃들인 이러한 시간의 형상을 상상적으로 복원하여 현재형을 유추하는데, 그러한 유추는 과거 어느 시간을 향한 매혹으로 나타났다가 그 시간으로 하여금 다시 현재의 삶을 반추케 하는 과정을 거친다. 그렇다면 그에게 '어머니'는 어떤 매혹과 반추의 흔적으로 계실까. 물론 그의 시편 속의 '어머니'가 모두 자연인 김영재의 어머니 그대로는 아닐 것이다. 그 '어머니'는 우리 모두의 근원으로 나타나신다.

    5월 1일 노동절 어머니 일손 놓으셨다
    노동의 즐거움으로 아흔한 해를 사셨고
    온갖 일 못 잊으신 채 긴 휴식을 취했다

경북 예천 농협장례식장 봄바람 살랑살랑
꽃들도 단정하게 검정 리본 달았다
먼 길을 오신 듯 가시라 환하게 밤을 지켰다
―「어머니의 노동절―원석에게」 전문

때마침 노동절에 '어머니'는 아흔한 해 즐겁게 노동해오신 일손을 놓으셨다. 하지만 기나긴 휴식 중에도 '어머니'는 자신이 감당해내던 온갖 일들을 잊지 못하실 게다. "경북 예천 농협장례식장"을 감싸고 불던 5월의 봄바람도, 그 아래 흔들리던 꽃들도, 단정하게 검정 리본을 단 채 "먼 길을 오신 듯 가시라"면서 '어머니의 노동절' 밤이 깊어가는 것을 환하게 지키고 있다. 일찍이 오랜 "가랑비 눈물 끝에 어머니 웃으시"(「가랑비로 오셨네」)는 풍경을 조소彫塑하던 시인의 마음속에, 바람과 꽃의 조상弔喪을 받으신 '어머니'는 불멸의 노동을 남긴 채, 먼 길 떠나시는 환한 모습으로, 거기 그렇게, 선명하게 서 계신다.

빗줄기 듬성대는 낯선 언덕 황토 속에

어머니 유골 항아리 곱게 넣고 흙을 밟았다

한 생애 흙 묻은 당신 흙이 되고 있었다

파낸 흙 다지는데 눈물이 힘이었다

잘 가세요 어머니 아무 다짐 없었다

내 안에 당신 있기에 황토만 더욱 붉었다
―「황토 더욱 붉었다」 전문

 이제 '어머니'가 황토 안에 묻히신다. 이 시편에서의 '어머니'는 시인의 직접 경험이 실감 있게 담긴 듯도 하다. 간헐적으로 빗줄기 뿌리는 "낯선 언덕 황토 속"에 '어머니'의 유골은 항아리에 곱게 담긴 채 묻히셨다. 화자가 고운 흙을 밟자 비로소 '어머니'의 한 생애가 흙으로 돌아간 것이다. 그렇게 "흙 묻은 당신"의 시간은 흙으로 완성되어갔다. 눈물의 힘으로 흙을 다지고 내면 안에 '어머니'를 묻은 화자는 황토의 붉은 빛깔만이 뚜렷한 어머니의 심상으로 남았음을 고백한다. 어느덧 흙으로 귀환하신 '어머니'를 묻은 지 한참의 세월이 지났지만, 다음 시편에서 보듯, 그 '어머니'는 지상을 훌쩍 떠나신 것이 아니다.

당신이 떠나신 지 두 겨울이 옵니다

부석댄 낙엽 위에 한두 줄 사연 적어

언 땅을 딛고 서 있는 밑동 아래 묻습니다
―「나무 아래―어머니」 전문

'어머니'가 떠나신 지 두 겨울이 올 때 화자는 나무 아래 낙엽에 "한두 줄 사연"을 적어 마치 편지처럼 엽서처럼 "언 땅을 딛고 서 있는" 나무 밑동 아래 묻는다. 이때의 '묻음'은 바로 황토 언덕에 어머니를 '묻던' 그 과정을 재현하는 동시에 이제야 비로소 '어머니'를 묻어드리는 최후의 상징 제의祭儀 같은 것이다. 그의 시편에서는 이렇게 오래된 사물들이 새로운 시간과 기억을 만들어가고 있는데, 가령 눈물 없는 "오래된 슬픔"(「오래된 슬픔」)이나 "윤동주 생가 지키는 오래된 칠판"(「오래된 칠판」)은 모두 그러한 시간의 심연을 환기하고 있다. 그만큼 시인은 오랜 시간의 결을 탄주彈奏하려는 미학적 의지로부터 시작하여, 사물 속에 깃들인 오랜 시간의 결을 발견하여 그것을 생에 대한 어떤 유추의 질료로 삼는다.

이렇듯 김영재 시인은 근원적 회귀점으로서의 모성에 대한 기억과 그리움의 시학을 통해, 그 기억과 그리움이 발하는 고요한 침잠의 시간을 통해 언어를 넘어선 내면의 소리를 발화한다. 이때 우리는 사물들이 들려주는 소리들을 채집하면서 자신 역시 그 안에 몸을 묻는 시인의 너른 품을 만나게 된다. 거기서는 언어가 잠시 숨을 멈추고 시인의 선연한 기억만이 잠시 육체를 얻어 발화되고 있다. "자글자글 늘어나는 물주름"(「가을이 훌쩍」)처럼 우리는 천천히 시인의 언어를 따라 우리의 존재론적 기원origin을 상상하게 되는 것이다. 근원을 향한, 근원을 찾는 시선을 순연하게 따라가게 되는 것이다.

4. '시'를 향한 미학적 자의식

그런가 하면 김영재 시인은 이번 시집에서 '시조'를 통한, '시조'를 향한 미학적 자의식을 두루 펼쳐 보인다. 알다시피 현대시조는 정형이라는 제약 때문에 주류 시단에서 밀려나는 경우도 있고, 심지어는 비평적 후광을 전혀 입지 못한 채 치지도외置之度外되는 일도 있다. 하지만 물을 것도 없이 우리는 시조야말로 우리 고유의 정신을 담고 드러낼 수 있는 유일한 양식이라는 것을 기억한다. 특별히 고시조가 유교 이념이나 소박한 자연 친화를 주제로 한 데 비해, 현대로 올수록 시조는 주체와 대상 사이에 나타나는 다양한 문양을 담아 내고 있다는 점에서, 시조는 단연 '현대성'과 '고유성'을 결속할 수 있는 생산적 양식으로 고쳐 인식할 수 있을 것이다. 그 '시조'를 쓰면서 김영재 시인은 '시조'라는 육체에 담긴 자신의 미학적 고갱이를 메타적으로 사유하고 있다.

> 何必이면 왜 不必인가요
> 큰스님께 여쭈었다
>
> 하필을 알게 되면
> 불필을 깨달을 것이다
>
> 친딸과 친아버지가
> 오랜만에 함께 웃었다
> ─「화답」 전문

시집의 표제작을 통해 시인은 '何必'과 '不必'의 변증법을 노래한다. 큰스님께서는 '하필'과 '불필'이 결국 불일불이不一不二의 관계에 있음을 말씀하시는데, 그렇게 '하필'과 '불필'이 서로 화답和答하듯이, "친딸과 친아버지"도 오랜만에 함께 웃음으로써 화답을 한다. 이 화답의 구조야말로 '시詩'를 통해 시인이 가닿고자 한 궁극의 화해로운 지점을 은유하는 것이다. 그렇게 시인은 "벼락같은 詩 한 줄"(「벼락같은 詩 한 줄」)을 희원하면서 불가피한 "시조 시인의 길"(「여산휴게소」)을 걷고 있다. 우리 시대의 장인匠人 김영재는 이러한 화답의 맥락에서 탄생한다.

    어두워지는 시간에 길가에 선 느티나무

    비탈진 언덕길 따라 눈을 맞고 걸어가는

    한 사람 지친 귀가를 위로하듯 지켜본다

    마을은 어둠으로 빠르게 추워지고

    바닥에 엉겨붙어 얼음으로 깔리는 생

    멀리서 작은 불빛이 조금씩 밝아온다
    ―「겨울 저녁」 전문

어둑해지는 겨울 저녁에 "길가에 선 느티나무"가 눈을 맞고 걸어가는 한 사람의 비탈지고 지친 귀가를 깊은 위로의 시선으로 바라보고 있다. 어둠이 감싼 마을은 빠르게 추워졌지만, 그렇게 바닥에 "얼음으로 깔리는 생"은 새삼 멀리서 조금씩 밝아오는 "작은 불빛"을 희구한다. 여기서 '바닥'이란 가장 낮은 바닥bottom이자 가장 기초가 되는 바닥basis이기도 하다. 우리는 그 '바닥'까지 내려간 시간을 통해, '바닥'에서 다시 시작하는 시간을 통해, 작은 불빛이 전해오는 온기와 밝기를 함께 느끼게 된다. 이때 시인은 그 '작은 불빛'이 바로 자신의 '시'가 하는 일이라고 사유한다. 그래서 그 '시'의 힘으로 천년을 눈 맞으며 견디고 기다리는 일이 가능해진다.

>당신이 내 어깨 위
>눈으로 내린다면
>
>천년 은행나무 아래서
>하염없이 눈을 맞으리
>
>천년의 눈을 맞으며
>천년의 겨울 견디리
>―「겨울 용문사에서」 전문

어깨 위로 내리는 '눈(당신)'으로 하여 화자는 "천년 은행나무 아래서" 그야말로 하염없이 눈을 맞으며 "천년의 겨울"을 견뎌갈 수 있다. "바람이 드셀수록 옹이가 단단해진다"(「군말」)는 시인의 신념은, 만해萬海가 쓴 동일한 제목의 작품에서처럼 "님만 님이 아니라 긔룬 것은 다 님"(「군말」)이라는 생각을 환기하면서, 자신의 사유를 확장해가는 순간을 보여준다. 그 시간의 힘이 결국 "한 알이 익기까지 // 십 년이 걸렸다"(「모과―우걸에게」)는 것 아니겠는가. 그러니 "피었다 // 순간에 진들 // 어찌 찰나"(「순간」)이겠는가. "적막의 시간"(「외로우면」)을 훌쩍 지나 "흐르는 물가에 앉아 흘러온 나를"(「나를 보네」) 바라보는 시인의 "글썽글썽 고인 눈물"(「입추」)의 시선은 그렇게 미덥고 충실한 시인의 실존적 면모를 보여주는 것이다. 긴영게 시인은 이처럼 '시'를 통해 자신을 깊이 성찰하는 격과 품을 보여준다. 그리고 실존의 어둠 속에서 시상을 길어 말 속으로 펼쳐 넣는 장인적 작법을 보여준다. 그만큼 어둠과 불빛은 그의 언어 속에서 서로를 결속한 채 동서同棲하고 있고, 시인은 어둠과 불빛의 예감 속에서 더욱 환해져 가는 우리의 실존을 희망적으로 표현한다. 그것이 바로 가슴속에 깊이 묻어둔 시간을 꺼내어 그 스스로 위안과 치유를 수행하는 작업일 것이다. '시'를 향한 미학적 자의식을 통해 그가 가닿은 아름다운 권역이 아닐 수 없다.

5. 김영재 시학의 지평

 삶과 죽음, 빛과 어둠, 생성과 소멸, 진화와 퇴화 같은 것들은 김영재 시편에서 선명한 분절적 개념이 아니라 한 몸으로 묶여 모든 사물과 운동을 규율하는 양면적 속성으로 등장한다. 잘 쓰인 '시'를 통한 이러한 상상적 전회 경험은, 감각의 쇄신과 인지의 충격을 동시에 선사하면서, 우리로 하여금 새로운 세계에 발을 들여놓게 한다. 이러한 그의 시편들이야말로 감각의 쇄신과 인지의 충격을 우리에게 보여주는 뜻깊은 실례일 것이다. 왜냐하면 그의 시 안에서 우리는 삶이라는 것이 단선적 질서에 의해 전개되는 것이 아니라 대립적이기까지 한 많은 것들이 복합적으로 통합된 채 흘러가는 것이고, '시'가 자기 충실성을 벗어나 타자들의 오랜 시간에까지 관심을 확장해가는 것임을 경험하게 되기 때문이다.
 최근 우리 시조 시단은 자유시와 거의 구별하기 힘든, 혹은 시조 양식을 충격적으로 해체하려는 파격의 양식들이 다양하게 선보여지고 있다는 점에서 매우 문제적이다. 물론 이는 시조 양식의 다양한 분기와 자연스런 진화를 보여주는 첨예한 현상들일 것이다. 하지만 우리는 여기서 "왜 굳이 시조인가?"라는 원론적 질문을 던져볼 수 있다. 자유시로도 표현 가능한 것을 왜 시조라는 구속적 형식을 통해 표현하려 하는

가? 첨단의 디지털 시대에 시조라는 오래된 양식의 궁극적이고 필요불가결한 존재 이유는 무엇인가? 이러한 메타적 질문들과 마주할 때, 우리는 '시조'에는 어떤 고유한 표현 형식과 자질이 있다는 점에 상도想到하게 된다. 가령 해체 시형을 과도하게 시조 안에 도입하는 것은 정형의 울타리를 벗어나 시조의 정체성을 혼란케 하는 일이라는 점을 지적할 수 있을 것이다. 그 점에서 우리는 정형 양식으로서의 속성을 한껏 지키면서 한편으로는 새롭고도 기억할 만한 독자적 해석과 감각을 보여주는 김영재 시편을 깊이 기억할 수 있을 것이다.

지금까지 읽어온 것처럼, 우리가 김영재 시조 미학에서 간취할 수 있는 제1 요소는, 율독적 배려를 기하면서도 삶의 궁극적 이법을 직관하고 해석하는 힘을 독창적으로 보여주는 데 있다. 그것은 심미적 역설이 구조를 통해 '사랑'과 '근원'과 '시'를 상상하는 과정으로 펼쳐진다. "고요 속으로 고요가 되는 순수"(「고요-물봉선」)를 통해 김영재 시인이 거두어갈 그 고운 "슬픔의 뒷모습"(「참 곱다」)과 "간절, // 간절"(「금강교 오색등」)한 마음이 다음 시집으로도 계속 이어져 아름답게 출렁이기를, 마음 깊이 소망해본다.